मन की दुनिया

डॉ. सुरेन्द्र शर्मा 'मधुर'

मन की दुनिया

(गीतिका संग्रह)

डॉ सुरेन्द्र शर्मा "मधुर"

Anybook

Published By

Anybook

Cell : 9971698930

E-mail : contactanybook@gmail.com

Website : www.anybook.org

First published by Anybook in 2020

Cover Design & Typesetting by Anybook

ISBN : 978-93-86619-63-1

समर्पण

माँ सरस्वती के कर कमलों में समर्पित

चरण कमल चंचरीक

सुरेन्द्र 'मधुर'

अभिमत

आज हिंदी कविता में नव-गीत, ग़ज़ल, गीतिका और दोहों का बड़ा ही आकर्षक और सार्थक प्रयोग हो रहा है। यह कवि की विशेषता है कि वह एक पंक्ति या दोहे में इतिहास, समाज, राजनीति या मानव-समाज को ऐसा चित्रित कर दे कि पूरी कविता या पुस्तक उसे ना कह पाए जैसे :

आधी रात को मिली थी आज़ादी
सवेरा आज तक नहीं हुआ

कहाँ तो तय था चिराग़ हर मकाँ के लिए
कहाँ चिराग़ मयस्सर नहीं शहर के लिए

क्यों रे दुखिया क्या तुझे इतनी नहीं तमीज़
मुखिया के घर आ गया पहने नई कमीज़

पहले दो छंदों में स्वातंत्र्योत्तर उपलब्धियों का तथा दोहे में सामंतवादी प्रवृत्ति का कितना मार्मिक चित्रण है। साहित्य अथवा कविता के स्वरूप की कोई भी व्याख्या क्यों ना की जाए शब्द और अर्थ का साहचर्य अनिवार्य है । व्यक्ति के मनोभावों से लेकर समाज और प्रकृति के सभी रूप कविता के विषय बने हैं। रमणीयार्थ प्रतिपादकः शब्दः काव्यम् से लेकर कविता शब्दों की अदालत में खड़े हुए बेक़सूर आदमी का हलफ़नामा है जैसी अनगिनत परिभाषाएँ की गई हैं लेकिन यह सत्य है कि कविता समाज से कटकर नहीं रह सकती आज तो हरगिज़ नहीं। जब मानव सभ्यता अपने चरम उत्कर्ष पर पहुँचकर भी अस्तित्व का भीषण संकट झेल रही है। कन्फ्यूशियस और बुद्ध की शिक्षाओं से प्रेरित देश जब विश्व को नष्ट करने पर तुला हो तब लगता है कि शब्द और अर्थ एक दूसरे से कहीं दूर जा पड़े हैं अथवा सभ्यता की परतें इतनी मोटी हो गई हैं कि शब्द उन्हें भेद कर अर्थ तक नहीं पहुँच पा रहा है फिर भी कवि का यह कर्तव्य है कि उन दोनों को निकट लाकर समाज को रास्ता दिखाने का प्रयत्न करे। यह उसका कर्तव्य भी है और ईष्ट भी। वस्तुतः कविता की आज पहले से अधिक ज़रूरत है ।

इसी साहित्य मार्ग के पथिक और अनेक काव्य संकलनों के रचयिता

संपादक डॉ. सुरेंद्र शर्मा 'मधुर' काशीपुर जैसे नगर में साहित्य दर्पण नामक संस्था के माध्यम से अनेक नवोदित काव्यप्रेमियों को साहित्य सृजन के लिये प्रेरित कर काव्य-विधा को नया आयाम दे रहे हैं। कई वर्षों से इस काव्य संस्था की नियमित गोष्ठियाँ और काव्य चर्चाएँ हो रही हैं। इसके लिए मधुर जी तथा अन्य कविगण साधुवाद के पात्र हैं ।

प्रस्तुत "मन की दुनिया" गीतिका संग्रह में 75 गीतिकायें हैं । गीतिका अथवा हिंदी ग़ज़ल आज बहुत ही लोकप्रिय विधा है इसमें सरल और सरस भाषा में आंतरिक भावों का उल्लेख होता है तथा कोमल व भावपूर्ण अभिव्यक्ति की प्रमुखता होती है । गीतिका के शेरों में प्रयुक्त होने वाले शब्द और विन्यास अर्थ ही नहीं ध्वनि के लिहाज़ से भी मधुर और कोमल हों तभी गीतिका अच्छी मा`नी जाती है। श्रृंगार और प्रेम तो प्रिय विषय हैं ही नीति, दर्शन, समाज आदि भी अछूते नहीं हैं। अपनी गीतिकाओं में 'मधुर' जी आम आदमी से सीधा संवाद करते हैं।

तन की दुनिया की छोड़ कर बातें
मन की दुनिया में आइये साहब

गहरी कीचड़ में फँसे होकर भी
कमल की तरह मुस्कुराइए साहब

वैसे गीतिका का प्रत्येक शेर स्वतंत्र होता है तथापि दूसरे शेरों से अर्थ तारतम्य उनमें और अधिक स्वारस्य ला देता है इन गीतिकाओं में जीवन के विविध खट्टे-मीठे अनुभव तथा प्रतिक्रियाएँ वास्तविकता को रेखांकित करते हैं

किसे दूर रक्खें किसे पास कर ले
यहाँ किसकी बातों पे विश्वास कर लें

मधुर प्यार पाया जिन्होंने जरा भी
वो आँसू बहाने का अभ्यास कर लें

चाहत, प्रेम, सुंदरता, आकर्षण आदि ऐसे विषय हैं जिन पर सर्वाधिक

लिखा गया है क्योंकि वेदना, धोखा, मार्मिक अनुभूति आदि इनमें मिलते ही हैं इन विषयों पर 'मधुर' जी ने तीखी चोट की है

किस तरह की हवा ये चली
शूल सी बन गई हर कली

प्यार मतलब से होता यहाँ
सीख तुमसे हमें ये मिली

ऐसा ही यथार्थ इन पंक्तियों में प्रकट हुआ है

आम खाने की तमन्ना दिल में है
किंतु कीकर बो रहा है आदमी

'मधुर' बातों में कभी आना नहीं
कालनेमि हो रहा है आदमी

जैसी उक्तियाँ आदमी के चरित्र और स्वभाव का बयान कर रही हैं। सादृश्य विधान में मधुर जी ने पर्याप्त सफलता प्राप्त की है। एक गीतिका में ज़िंदगी को उपमित करते हुए उन्होंने पाँव की पायल, तितली सी चंचल, बेर का जंगल और आँख का काजल कहा है। सचमुच ये उपमान नये और आकर्षक हैं जो कवि के अनुभव और चयन को गहराई प्रदान करते हैं

दोस्त एक दोस्ती में क्या देगा
करेगा प्यार और दग़ा देगा

वो कितना लाजवाब और दिलकश
मेरा हर शेर ये बता देगा

अब ऐसे दोस्तों की बहुतायत इस समाज में मिलती है वैसे दिलकश और लाजवाब शेरों के भी विशेषण हो सकते हैं । दुनियादारी, समाज, व्यवहार,

प्रेम, वेदना और मानव स्वभाव आदि विषय 'मधुर' जी की गीतिकाओं में आए हैं। इससे प्रतीत होता है कि उनका कैनवास विस्तृत है। इतना ही नहीं भ्रष्टाचार ,बलात्कार, राजनेता, ढोंगी साधु भी नहीं बच पाए हैं।

आज के रक्षक, भक्षक की तरह देते
मौत का उपहार और हम चुप हैं

साधु के वेश में जो हर कुकर्म करते
वो बन रहे अवतार और हम चुप हैं

उनकी अनेक पंक्तियाँ कभी सुखद आभास देती हैं कभी वाह-वाह कहने को विवश करती हैं।

एक पल में दोस्ती और दुश्मनी हमेशा
अब दोस्ती भी यारों एक दिल्लगी लगे है

तन्हाई का अंधेरा देता है दिल को राहत
एक ख़ूबसूरत धोखा ये चाँदनी लगे है

इसी प्रकार

चारों तरफ़ जेठ की गरमी छाई है
दूर कहीं पर बरसे सावन क्या बोलें

क़लम पकड़कर भाट सभी धनवान हुए
तुलसी, सूर घूमते निर्धन क्या बोलें

तथा

क्या खोया क्या पाया है
ये अब तक समझ ना आया है

जो राम लगे रावण निकले
क्या अजब ज़माना आया है

इत्यादि जहाँ तक भाव और भाषा का प्रश्न है कवि उनके प्रबंध निर्वाह में सफल हुआ है। आवश्यकतानुसार सरल और प्रचलित शब्दावली ली गई है । कहीं-कहीं अर्थव्यंजकता आह्लादित करती है तथा प्रतीक चयन भी भावपूर्ण है। आशा है भविष्य में भी 'मधुर' जी और प्रभावी काव्य-सृजन करेंगे। मेरी शुभकामनाएँ उनके साथ हैं।

डॉ. ब्रज मोहन गुप्त
पूर्व रीडर एवम विभागाध्यक्ष
राधेहरि राजकीय स्ना. महाविद्यालय
काशीपुर

आत्मकथन

परमपिता परमेश्वर एवं माँ सरस्वती की असीम अनुकंपा से इस अकिंचन द्वारा 'मन की दुनिया' गीतिका-संग्रह आप सबके सम्मुख प्रस्तुत किया जा रहा है। मैं कोई कवि नहीं हूँ मात्र कविता प्रेमी हूँ। कविता प्रेम में ही लेखनी से जो भाव सृजित हुए वे ही इस संग्रह में गीतिकाओं के रूप में संकलित हैं।

इस संग्रह से पूर्व यद्यपि मेरा गीत-संग्रह 'रूप का सागर' प्रकाशित हो चुका है। उसके बाद 'नये स्वर', 'आज के आयाम','अभिनव चिंतन', 'पहचान', 'उपहार' एवं साहित्य दर्पण स्मारिका काव्य-संग्रह भी संपादित, प्रकाशित हुए हैं । वर्तमान में काफ़ी अंतराल के बाद यह गीतिका-संग्रह 'मन की दुनिया' सुधी पाठकों के समक्ष प्रस्तुत है। यह संग्रह कैसा बन पड़ा है यह तो विद्वज्जनों की सहृदयानुभूति से ही ज्ञात होगा। काव्यशास्त्र मर्मज्ञ हिंदी, संस्कृत के उद्भट विद्वान् एवं कवि डॉक्टर ब्रजमोहन गुप्त पूर्व, हिंदी विभागाध्यक्ष, राधेहरि राजकीय स्नातकोत्तर महाविद्यालय, काशीपुर ने इस संग्रह पर अपना समीक्षात्मक अभिमत प्रस्तुत किया है। एतदर्थ मैं उनके प्रति हार्दिक आभार व्यक्त करता हूँ ।

इस संग्रह के प्रकाशन में मेरे अभिन्न मित्र सुप्रसिद्ध गीतकार श्री कैलाश चंद्र यादव एवं एनीबुक प्रकाशन के स्वामी श्री पराग अग्रवाल का सहयोग भी सर्वथा प्रशंसनीय है। उक्त दोनों महानुभाव हार्दिक धन्यवाद के पात्र हैं। मेरी जीवनसंगिनी राज दीपिका मधुर एम. ए., साहित्य रत्न अनवरत जीवन पथ की तरह मेरे काव्य पथ की भी सहयात्री रही हैं। उनकी प्रेरणा एवं विशेष सहयोग के बिना यह सारस्वत यज्ञ संभव नहीं था। अतः इस गीतिका संग्रह के प्रकाशन का श्रेय उन्हीं को जाता है। उन पर माँ सरस्वती की कृपा सदैव बनी रहे।

अंत में मैं अपने समस्त कवि मित्रों एवं सुधी पाठकों को प्रणाम करते हुए यह आशा करता हूँ कि वे मुझे इस संग्रह की त्रुटियों से अवश्य ही अवगत कराएँगे ।

किमधिकं बुद्धिमद्वर्येषु
हिंदी दिवस
14 09 2020
आपका आत्मीय
डॉ. सुरेन्द्र शर्मा "मधुर"
काशीपुर

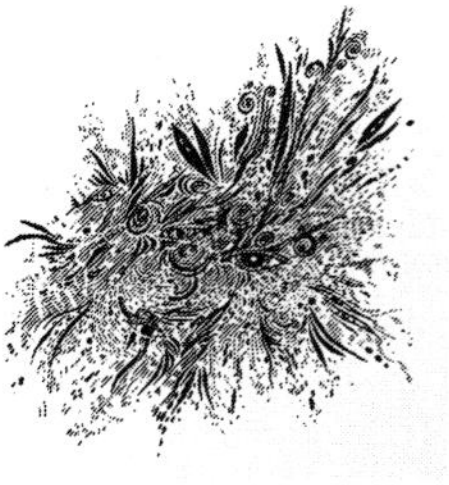

अनुक्रमणिका

गीतिकाएँ

ऐसी आदत बनाइये साहब

ऐसी आदत बनाइये साहब
हँस के सबको हँसाइये साहब

तन की दुनिया की छोड़कर बातें
मन की दुनिया में आइये साहब

गहरी कीचड़ में फंसे होकर भी
कमल से मुस्कुराइये साहब

भ्रष्टता के घने अंधेरे को
सूर्य बनकर मिटाइये साहब

लाख शकुनी मिले मगर ख़ुद को
वीर अर्जुन बनाइये साहब

जो भी आयेगा दुःख ही देगा
आप सुख को लुटाइये साहब

अब "मधुर" प्यार बंचना लगता
इसको पूजा बनाइये साहब

पहाड़ जैसा ग़म

पहाड़ जैसा ग़म सहा तेरे लिए
मुँह से कुछ भी ना कहा तेरे लिए

इक हसीं मंज़िल की ऐसी चाह थी
रात-दिन चलता रहा तेरे लिए

ज़िंदगी जैसे अमावस की थी रात
दीप सा जलता रहा तेरे लिए

बेवफ़ाई की कीचड़ में फंस के भी
कमल सा खिलता रहा तेरे लिये

तूने नज़रें फेर ली थी जिस जगह
मैं वहीं अटका रहा तेरे लिए

जब अचानक आ गया सैलाबे-अश्क
उसमें मैं बहता रहा तेरे लिए

"मधुर" शायद फिर कभी होगा मिलन
इस उम्मीद में ज़िंदा रहा तेरे लिए

होता है जो होने दे

होता है जो होने दे
रोता है जो रोने दे

ऐ दिल तू मस्ती में खो
खोता है जो खोने दे

तू तो हर पल आम लगा
उसको कीकर बोने दे

तू सूरज से पहले उठ
जो सोता है सोने दे

तू फूलों का हार बना
काँटे उसे पिरोने दे

तू ख़ुशियों का दिन बन जा
रात उसी को होने दे

"मधुर" सर्वदा प्यार लुटा
उसको सुई चुभोने दे

किसे दूर रक्खें

किसे दूर रक्खें किसे पास कर लें
यहाँ किसकी बातों पे विश्वास कर लें

सभी स्वार्थ साधन में गंभीर लगते
नहीं है कोई जिससे परिहास कर लें

बुरे फंस गए हम अंधेरे पथ में
कोई चाँद दीखे तो परकाश कर लें

उधर मंत्री जी हैं बिज़ी दावतों में
इधर देशवासी ही उपवास कर लें

ग़ुलामी की ज़ंजीर फिर सामने है
तो फ़ुर्सत में इसका भी एहसास कर लें

हम लाख चाहें मगर हँस ना पाएँ
वो जब भी चाहें उपहास कर लें

"मधुर" प्यार पाया जिन्होंने ज़रा भी
वो आँसू बहाने का अभ्यास कर लें

कभी इसको खोया

कभी इसको खोया कभी उसको पाया
ये क़िस्मत का चक्कर समझ में न आया

कभी अजनबी ज़िंदगी जैसा लगता
कभी अजनबी होता अपना ही साया

सरे-आम जिसको कहा हमने अपना
अकेले में हमको न पहचान पाया

ये अपनी ज़मीं और अपना गगन है
मगर अपना घर ये लगे क्यों पराया

कहीं पर हैं अंकल कहीं पर हैं आंटी
ये भारत को क्यों तुमने लंदन बनाया

ना जाने कैसा ये छाया है कोहरा
सूरज उगा पर उजाला ना आया

"मधुर" स्वप्न में भी न तुम प्यार करना
किया जिसने उसने है सब कुछ गँवाया

जाने हमको ये क्या

जाने हमको ये क्या हो गया
चैन दिल का कहीं खो गया

ताज जैसा हमें जो लगा
रेत का वो महल हो गया

क्या कहें दर्द की इन्तहा
दर्द ही अब दवा हो गया

पास रह के भी तुम दूर हो
ज़िंदा रहना सज़ा हो गया

वो गुलाबी शराबी नयन
देख जग बेमज़ा हो गया

बावफ़ा बेवफ़ा बन गया
वक़्त जबसे ख़फ़ा हो गया

आपका प्यार खोके "मधुर"
प्यार अपना ख़ुदा हो गया

किस तरह की हवा

किस तरह की हवा ये चली
कोयला हो गई हर कली

साथ छोड़ा था उसने जहाँ
याद है आज भी वो गली

जिसकी हर बात में थी वफ़ा
बेवफ़ाई उसी से मिली

ज़ख़्म इतने मिले प्यार में
दर्द में ज़िंदगी ही ढली

प्यार मतलब से होता सदा
सीख तुमसे हमें ये मिली

बात बिगड़ी तो इस हद्द तक
उसकी हर बात मुझको खली

अब "मधुर" प्यार किससे करें
जिसको देखो वो लगता छली

मेरी आशाओं का संसार

मेरी आशाओं का संसार जलाने वाले
तू भी रोयेगा कभी मुझको रुलाने वाले

ले के परकाश मुझे तूने अंधेरा सौंपा
कभी खोजेगा मुझे आज भुलाने वाले

प्यार वो चीज़ है जो दूर हो तो और बढ़े
दीवानगी तू क्या जाने दीवाना बनाने वाले

माना कि तू पत्थर है और मैं शीशा
तू भी टूटेगा कभी ज़ख़्म लगाने वाले

तूने भी प्यार में दुनिया को भुलाया था कभी
आज ये बेरुख़ी ओ जान लुटाने वाले

बात सोची तो हर एक बात तेरी झूठी लगी
याद कर कोई बात, बात भुलाने वाले

तू "मधुर" प्यार का संसार आज है कि नहीं
चाँद-तारों से पूछ दिल को दुखाने वाले

दर्द की बात

दर्द की बात बताएँ किसको
हाल इस दिल का दिखाएँ किसको

सभी है व्यस्त दुनियादारी में
आज हमराज़ बनाएँ किसको

कर्ण खोजो तो मिले दुर्योधन
मित्र विश्वस्त बनाएँ किसको

आज हर व्यक्ति चाहता पैसा
ज्ञान का पाठ पढ़ाएँ किसको

तुम उर्वशी तुल्य बने निर्मोही
हम पुरू जैसे भुलाएँ किसको

नेता पेट भक्त हो गए सारे
देश का भाग्य दिखाएँ किसको

"मधुर" इस चुटकुलों की दुनिया में
प्यार का गीत सुनाएँ किसको

तुमको जिस वक़्त पुकारा मैने

तुमको जिस वक़्त पुकारा मैंने
ख़ुद को सागर में उतारा मैंने

महकी-महकी हवा लगी जब भी
तुम्हारा पंथ निहारा मैंने

दूर हो तुमने जो दिया मुझको
वो ग़म ग़ज़लों में सँवारा मैंने

तुमसे ख़्वाबों में गुफ़्तगू करके
कर लिया सबसे किनारा मैंने

फूल खोजो तो शूल मिल जाते
सोच ये रोज़ मन मारा मैंने

तुम तो निखरे हो चाँदनी जैसे
ख़ुद को अश्कों से निखारा मैंने

'मधुर' अब तुमसे मिलन कब होगा
रोज़ ये प्रश्न विचारा मैंने

इस तरह घायल हुई है

इस तरह घायल हुई है ज़िंदगी
जैसे एक पागल हुई है ज़िंदगी

चोट खाकर भी ये गुनगुनाती है
पाँव की पायल हुई है ज़िंदगी

एक ख़ुशबू के लिए भटकी फिरे
तितली सी चँचल हुई है ज़िंदगी

जिधर देखो उधर काँटे ही चुभें
बेर का जंगल हुई है ज़िंदगी

दर्द के धुएँ में रोज़ बह रही
आँख का काजल हुई है ज़िंदगी

जो जान बनकर भी हुआ अनजान सा
उसी की कायल हुई है ज़िंदगी

वो बिजली से चमक के ग़ायब हुए
और ये बादल हुई है ज़िंदगी

जो नज़र सुख का सागर थी "मधुर"
उसी से ओझल हुई है ज़िंदगी

एक अजूबा हो रहा है

एक अजूबा हो रहा है आदमी
जाने कहाँ खो रहा है आदमी

आदमी को देख बढ़ जाता है डर
आदमख़ोर हो रहा है आदमी

महँगाई या आतंक चाहे कुछ करें
कुर्सी प्रेमी हो रहा है आदमी

आम खाने की तमन्ना दिल में है
किंतु कीकर बो रहा है आदमी

दिल्ली, अयोध्या कि या कश्मीर हो
रक्तपायी हो रहा है आदमी

प्यार का बाज़ार है गरमा-गरम
किंतु बेबस हो रहा है आदमी

'मधुर' बातों में कभी आना नहीं
कालनेमि हो रहा है आदमी

आज का ये माहोल

आज का ये माहौल क्या कहिए
मिट्टी सोने के मोल क्या कहिए

शेर की खाल में थे जो गीदड़
खुल गई उनकी पोल क्या कहिए

हर जगह बेवफ़ाई का आलम
वफ़ा का बिस्तर गोल क्या कहिए

हमने तो उससे माँगा था बूरा
उसने दिया नमक तोल क्या कहिए

जिसने हर चीज़ झूठ से पाई
वो पीटे सच का ढोल क्या कहिए

जिस भोली शक्ल ने दिया धोखा
उसके थे 'मधुर' बोल क्या कहिए

जुगनू की तरह रौशन

जुगनू की तरह रौशन ये ज़िंदगी लगे है
आँखों में चुभन जैसी हर रौशनी लगे है

एक लम्हा साथ रहके बन जाता जानलेवा
बगुला भगत का वंशज अब आदमी लगे है

एक पल में दोस्ती है और दुश्मनी हमेशा
अब दोस्ती भी यारों एक दिल्लगी लगे है

तन्हाई का अंधेरा देता है दिल को राहत
एक ख़ूबसूरत धोखा ये चाँदनी लगे है

तुम ज़रा पास आओ कुछ सुनो कुछ सुनाओ
चंबल की घाटी जैसी ये ज़िंदगी लगे है

आज किसी रंग में कल दूसरे ही रंग में
गिरगिट की नस्ल जैसी अब लीडरी लगे है

अपनी भी "मधुर" क़िस्मत कैसी अजीब देखो
मालिक जो दिलो-जाँ का वो अजनबी लगे है

कौन ऐसा दिया जलायेगा

कौन ऐसा दिया जलायेगा
जो कि मन का तमस हटायेगा

जिधर भी देखिए निराशा है
कौन आशा कमल खिलाएगा

धर्म तो लग रहा है हत्यारा
कौन अब शाँति स्वर सुनाएगा

देशभक्ति हुई है पेटभक्ति
कौन अब देश को रखायेगा

इँसान शैतान से भी बढ़कर है
कौन इँसानियत सिखाएगा

तुम 'मधुर' जिस पर जान छिड़कोगे
वही तुमको सुई चुभायेगा

कौन दोस्त और कौन है दुश्मन

कौन दोस्त और कौन है दुश्मन क्या बोलें
भीड़ में क्यों लगता सूनापन क्या बोलें

प्यार में जो जो मन्ज़र देखे भूल गए
फिर भी दिल में कोई उलझन क्या बोलें

चारों तरफ़ जेठ की गर्मी छाई है
दूर कहीं पर बरसे सावन क्या बोलें

आज भी दुर्योधन महलों में ऐश करे
जंगल-जंगल भटके अर्जुन क्या बोलें

कलम पकड़ के भाट सभी धनबान हुए
तुलसी-सूर घूमते निर्धन क्या बोलें

जो चार जनों के मध्य बैठने योग्य नहीं
उन्हें मिल गए हैं सिंहासन क्या बोलें

"मधुर" प्यार बिन ऐसे लगता है जीवन
जैसे ख़ुशबू बिना हो गुलशन क्या बोलें

देश की दास्तान

देश की दास्तान क्या कहिए
खुल न पाती ज़ुबान क्या कहिए

कल जो दलदल में फंसे थे
वो सब चढ़ गए आसमान क्या कहिए

एक एम.ए. पास और अनपढ़ को
कर दिया है समान क्या कहिए

जिसकी बस जागने की ड्यूटी है
वो सोये चादर तान क्या कहिए

पंजाब, कश्मीर, अयोध्या पावन बने
कुरुक्षेत्र के मैदान क्या कहिए

लाला जी मस्त, व्यस्त नेता जी
रो रहा है किसान क्या कहिए

हर समस्या है बरक़रार "मधुर"
ना हुआ एक समाधान क्या कहिए

फिर किसी की याद आई

फिर किसी की याद आई एकदम
दिल पर इक बदली सी छाई एकदम

जिस जगह दो तन हुए थे एक मन
वो जगह फिर याद आई एकदम

प्यार करता ज़िंदगी भर बेक़रार
यह बात अकल में न आई एकदम

दुष्यंत को दुर्भाग्य ने विरही किया
शकुंतला ना जान पाई एकदम

दौलत मुहब्बत में मिले बस एक ही
दुनिया कब ये जान पाई एकदम

प्यार से ही आदमी है आदमी
नफ़रत रब ने क्यों बनाई एकदम

"मधुर" मेरी नज़र में बस तू ही तू
तेरी नज़र ना जान पाई एकदम

प्यार का सूरज

प्यार का सूरज आएगा
अंधियारा छंट जाएगा

हँसते-हँसाते रहो सदा
ये जीवन कट जाएगा

चलते रहे अगर यूँ ही
एक रस्ता मिल जाएगा

दर्द में जीना आया तो
दर्द प्यार बन जाएगा

दोस्ती ज़्यादा मत करना
दोस्त कोई डस जाएगा

"मधुर" प्यार की चाह नहीं
दर्द अमर कर जाएगा

अजनबी लग रही

अजनबी लग रही हर गली
शूल सी चुभ रही हर कली

सत्यता तो कहीं खो गई
कल्पना सिर्फ़ मन में पली

जो न चाही कभी एक पल
वही घटना हमेशा मिली

क्या कहें मित्रता की कथा
अब तो सुग्रीव भी है छली

नेता-अभिनेता अंतर मिटा
जाने कैसी हवा ये चली

उल्लू भी हंस बन जाएगा
भाग्य रेखा अगर है बली

"मधुर" मन जो व्यथित कर गई
अब भी मन में है वो मनचली

जो जीवन में

जो जीवन में आते हैं
ख़ुशी चुरा ले जाते हैं

जिन्हें खोजता फिरता मन
वो वापस कब आते हैं

जो झटके से टूटते हैं
वो रिश्ते बड़ा रुलाते हैं

जिनमें मिलने की चाह नहीं
वो कैसे रिश्ते नाते हैं

जो कलम दे गए हाथों में
गीतों से उन्हें बुलाते हैं

देश के घुन बन बैठे वो
जो देश-देश चिल्लाते हैं

"मधुर" इसलिए ज़िंदा हम
अश्क पियें ग़म खाते हैं

प्यार में अक्सर

प्यार में अक्सर होता है
दिल बेचारा रोता है

क्यों कर नींद नहीं आती
जब सारा जग सोता है

फ़स्लें ग़म की ही काटेगा
जो उम्मीदें बोता है

दृढ़ विश्वास की गंगा में
हर कोई खाता गोता है

कहता कुछ और करता कुछ
आदमी केवल तोता है

वोट जिसे मिल जाते हैं
वो नोटों में खोता है

जिसे "मधुर" जीवन समझो
वो जीवन रिपु होता है

दोस्त एक दोस्ती में

दोस्त एक दोस्ती में क्या देगा
करेगा प्यार और दग़ा देगा

जान से बढ़कर भी जिसे मानो
वो फ़क़त रोने की सज़ा देगा

वो कितना लाजवाब और दिलकश
मेरा हर शेर ये बता देगा

उरवसी बन जो उर्वशी सी गई
वक़्त उसको भी इक सिला देगा

सब करना पर दोस्ती नहीं करना
दोस्त कभी मौत से मिला देगा

देश कितना अज़ीज़ होता है
दूसरा देश ये बता देगा

"मधुर" वो ख़ुश रहे जहाँ भी रहे
मेरा हर अश्क ये दुआ देगा

जाने क्यों ये

जाने क्यों ये लगता है
इन्साँ सबसे सस्ता है

हम ही पिछड़ गए यारों
वक़्त यहाँ कब रुकता है

मँज़िल से मिलवा देगा
दर्द का जो ये रस्ता है

दुनिया बड़ी विषैली है
इसमें विष ही मिलता है

उसने जब से रुख़ मोड़ा
तबसे ग़म से रिश्ता है

वो क्यों नज़र नहीं आता
आँखों में जो बसता है

"मधुर" प्यार की दलदल में
जीवन ख़ुद ही धँसता है

चैन की साँस

चैन की साँस लीजिए साहब
प्यार की बात कीजिए साहब

जो है ग़मगीन और गुमसुम सा
उसको मुस्कान दीजिए साहब

पी लिया आपने बहुत अमृत
थोड़ा सा विष भी पीजिए साहब

कहाँ था देश कहाँ पर आया
एक पल ये भी सोचिए साहब

शराफ़त आज क्यों हुई ग़ायब
इसका कोई उत्तर खोजिए साहब

क़द है ऊँचा सोच है नीची
सोच क़द ठीक कीजिए साहब

"मधुर" प्यार और दर्द की बातें
प्यार में प्यार दीजिए साहब

जाने क्यों ये होता है

जाने क्यों ये होता है
होंठ हँसे दिल रोता है

आम उसी को मिलते हैं
जो भी कीकर बोता है

गाँव में हाहाकार मची
चौकीदार ये सोता है

महापुरुष वो बन बैठा
जो विश्रवा का पोता है

देश को लूटो मौज करो
होने दो जो होता है

विधानसभा के अंदर भी
अब तो दंगा होता है

"मधुर" प्यार की चाहत में
हर कोई खाता गोता है

आजकल क्या ज़िंदगी है

आजकल क्या ज़िंदगी है
हर क़दम पर ख़ुदकुशी है

दिल उसका जानवर सा
जिस्म केवल आदमी है

बाँटता है जो अंधेरा
उसी के घर रौशनी है

उनका प्यार शौक़िया था
अपना प्यार बेबसी है

पुत्र करते सर फुटब्बल
माँ बेचारी रो रही है

मैंने नेताजी कहा जब
उनको गाली सी लगी है

"मधुर" जो कल ज़िंदगी था
आज वही अजनबी है

ऐसा भी तो होने दो

ऐसा भी तो होने दो
क़ातिल को कुछ रोने दो

जो नींद छीनते औरों की
उनको भी मत सोने दो

मातृभूमि माँ से बढ़कर
इसे खिन्न मत होने दो

दूर करो अब नफ़रत को
बीज प्यार के बोने दो

बहुत खो दिया है तुमने
अब कुछ भी मत खोने दो

ख़ुद मिल जाएगा सब कुछ
समय को सीधा होने दो

अब प्यारे तुकबंदी छोड़ो
"मधुर" गीतिका होने दो

जबसे जीवन में

जबसे जीवन में दर्द आया है
हर क़दम सोच के उठाया है

जिसे दिल ने बेइन्तहा चाहा
उसी से ज़ख़्म दिल पे खाया है

उसे इक रोज़ जाना ही होगा
जो भी दुनिया में आज आया है

तू सुने ना सुने तेरी मर्ज़ी
मैंने तो रोज़ गीत गाया है

जो हँसा रोएगा वही एक दिन
ये नियम जाने क्यों बनाया है

तुम जो आओ तो ज़िंदगी आए
वरना यहाँ मौत का ही साया है

"मधुर" दुनिया के दर्द को समझो
ये दिल इसीलिए तो पाया है

जो देखा उसको कहते हैं

जो देखा उसको कहते हैं
पहली पंक्ति में रहते हैं

जो जान से प्यारे लगते हैं
उनके ही ग़म को सहते हैं

वो हरिद्वार की गंगा हैं
पर फिर भी उल्टे बहते हैं

एक रोज़ वो सच को समझेंगे
ये सोच के हम चुप रहते हैं

ये नाज़ुक तन और पत्थर मन
दोनों संग कैसे रहते हैं

अपना ही आग लगाता है
यह सच्चाई सब सहते हैं

"मधुर" जो मन की समझे है
उसी को अपना कहते हैं

वो जब गुमशुदा

वो जब गुमशुदा हो गए
गीत सब लापता हो गए

देखकर उनकी ये बेरुख़ी
हम अधिक बावफ़ा हो गए

संगेमरमर से निर्मित है जो
हम क्यों उनपे फिदा हो गए

उर्वशी की तरह वो उड़े
और हम पुरुरवा हो गए

जिनके हाथों में सौंपा वतन
फ़र्ज़ से वो जुदा हो गए

संत हो या गृहस्थी कोई
दौलत जोड़ी ख़ुदा हो गए

"मधुर" प्यार जिन्होंने किया
वो हमेशा फ़ना हो गए

आज काली रात जैसी

आज काली रात जैसी ज़िंदगी
एक अधूरी बात जैसी ज़िंदगी

ख़ुशी तो आकाश कमल हो गई
दर्द की सौग़ात जैसी ज़िंदगी

मन का पेड़ ठूंठ जैसा बन गया
पीत पीपल पात जैसी ज़िंदगी

जो गया सर्वस्व साथ ले गया
आज रिक्त हाथ जैसी ज़िंदगी

इंतज़ार में नज़र पथरा गई
यादों की बारात जैसी ज़िंदगी

नेताओं के लिए अधिक क्या कहें
चोरों की औक़ात जैसी ज़िंदगी

"मधुर" तुम सुजान सब कुछ भूल के
और यहाँ अनाथ जैसी ज़िंदगी

वो जब क़रीब आये

वो जब क़रीब आए
तारे भी मुस्कुराए

हुई धड़कनें बेक़ाबू
और पाँव डगमगाए

वो रूप का एक सागर
दिल डूब-डूब जाए

ये नशा या पागलपन
क्या है कोई बताए

वो झील जैसी आँखें
दिल डूबता ही जाए

क्या आशिक़ी का आलम
दुनिया ही सब भुलाए

'मधुर' मन को भा गया जो
वो अब ना दूर जाए

क्या खोया क्या पाया है

क्या खोया क्या पाया है
अब तक समझ न आया है

जो गीत कर्णबेधी सा था
उसी को हमने गाया है

प्राण-प्राण जिसको माना
उसने निष्प्राण बनाया है

जो राम लगे, रावण निकले
क्या अजब ज़माना आया है

कवि जीवन पत्थर सा भारी
पर कवि को बेहद भाया है

कर किस लय से सागर से नयन
मन में माधुर्य समाया है

'मधुर' वो व्यक्ति अमर हुआ
जिसने भी प्यार लुटाया है

जो भी दिल के क़रीब

जो भी दिल के क़रीब आता है
वही दिल पर छुरी चलाता है

तुमको देखा तो ये महसूस हुआ
तुमसे पिछले जनम का नाता है

आज हर इन्सान एक जैसा है
जो भी आता वो ग़म दे जाता है

दुनिया में प्यार एक तमाशा है
हर कोई इससे दिल बहलाता है

जितनी आज़ादी मिल गई हमको
उतना सब बर्बाद हुआ जाता है

आपको देखकर कुछ ख़ुशी आई
वरना ये दिल कहाँ मुस्काता है

'मधुर' प्यार सब की ज़रूरत है
पर इसे कौन समझ पाता है

घर बाहर भ्रष्टाचार

घर, बाहर भ्रष्टाचार और हम चुप हैं
सर्वत्र अत्याचार और हम चुप हैं

सीता, सावित्री, रामकृष्ण की ज़मीं पर
होते नित बलात्कार और हम चुप हैं

कुछ सफ़ेदपोश डकैत आज देखो
बन रहे सरकार और हम चुप हैं

लाला का घर आँगन भरा है बोरियों से
पर राशन से इनकार और हम चुप हैं

आजकल के रक्षक भक्षक की तरह देते
मौत का उपहार और हम चुप हैं

साधु के वेश में जो हर कुकर्म करते
वो बन रहे अवतार और हम चुप हैं

जिसकी चाह में 'मधुर' बर्बाद हो गए हम
बिक रहा वो प्यार और हम चुप हैं

कैसी अपनी ज़िंदगी है

कैसी अपनी ज़िंदगी है क्या कहें
हर क़दम पर ख़ुदकुशी है क्या कहें

जो शख़्स कल तक जान की भी जान था
अब पराया आदमी है क्या कहें

मन गगन पर इक तिमिर छाया हुआ
दूर कहीं रौशनी है क्या कहें

दुश्मन को भी दोस्त कहना पड़ रहा
इस तरह की बेबसी है क्या कहें

उनके कुत्ते बटर ब्रेड खा रहे
अपने घर में भुखमरी है क्या कहें

हमने समझा प्यार को ईश्वर सदा
उनके लिए ये दिल्लगी है क्या कहें

ख़ुद को अब पहचानना मुश्किल 'मधुर'
इतनी ज़्यादा बेख़ुदी है क्या कहें

किस तरह दुहरा हुआ

किस तरह दुहरा हुआ अब आचरण है
आदमी एक अनपढ़ा सा व्याकरण है

मिलता कस्तूरी सी दुर्लभ हुई है
द्वेष की दुर्गंध का वातावरण है

राजनीति व्योम सी सर्वत्र छाई
धर्म नीति का हुआ जैसे मरण है

काव्य का तात्पर्य तुकबंदी नहीं है
काव्य का पर्याय पीड़ा का वरण है

प्यार चाहो तो करो कुछ त्याग भी
त्याग ही तो प्यार का पहला चरण है

वो जगह श्मशान भूमि सी दुःखद
जिस जगह विश्वास का होता हरण है

उस जगह को स्वर्ग कहते हैं 'मधुर'
प्रेम वायु का जहाँ पर संचरण है

जिस पर भी सर्वस्व लुटाया

जिस पर भी सर्वस्व लुटाया
उसी से हरदम धोखा खाया

शीश झुका के मंदिर में नित्
ये इन्सान बदल ना पाया

दिव्य मनुज का तन पाके भी
गिरगिट जैसा रंग दिखाया

जो कल तक था जान से बढ़कर
आज वही पहचान न पाया

उसका जाना इक दिन तय है
जो भी इस दुनिया में आया

जिसने आसमान पर थूका
थूक उसी के सिर पर आया

'मधुर' जो उलझा अहंकार में
प्यार कभी वो निभा ना पाया

पास हमारे आओ तो

पास हमारे आओ तो
दिल की ज़रा सुनाओ तो

जो गाली देते फिरते
दर्पण उन्हें दिखाओ तो

जागीर नहीं ये भारत है
उन्हें ज़रा समझाओ तो

जो बोया वो काटोगे
फ़सलें ज़रा उगाओ तो

तुम भी ये ग़म झेलोगे
किसी से आँख लड़ाओ तो

गर पी.एम. बनने की ख़्वाहिश
कुछ मोदी से बन जाओ तो

अब हीर मिलेगी घर बैठे
एफ़.बी. ज़रा चलाओ तो

'मधुर' वक़्त भी बदलेगा
ख़ुद को सबल बनाओ तो

बात कोई बता

बात कोई बता नहीं सकता
दर्द दिल का दिखा नहीं सकता

जो भी आया वो लूट कर ही गया
कोई अपना बना नहीं सकता

तुमको देखा तो दिल में टीस उठी
अतीत कोई भुला नहीं सकता

जिसे चाहा वो चाँद बन बैठा
प्यार उसको जता नहीं सकता

यूँ तो चारों तरफ़ समंदर है
प्यास कोई बुझा नहीं सकता

देशभक्ति में जिसका सर ऊँचा
उसको कोई झुका नहीं सकता

'मधुर' जिसमें तेरी कहानी है
गीत वो अब सुना नहीं सकता

काश मैं मोहब्बत से

काश मैं मोहब्बत से अनजान होता
ना दर्द होता ना वीरान होता

गर ज़िंदगी में तुम शामिल ना होते
ना बरसात होती ना तूफ़ान होता

अगर एक पल भी कहीं चैन मिलता
ना पतझार आती ना सुनसान होता

गर आज शिवाजी या आज़ाद होते
ना देश बिकता ना बेईमान होता

कथावाचिकी गर कथा तक ही रहती
ना ध्यान होता ना अपमान होता

अगर तेरी बातों में सच्चाई होती
ना टीस होती ना घमासान होता

'मधुर' तेरी क़िस्मत में गर प्यार होता
ना ज़ख़्म होता ना हैरान होता

जब भी तन्हा

जब भी तन्हा होता हूँ
तेरी याद में खोता हूँ

दिल में एक उम्मीद लिए
ग़म के बोझ को ढोता हूँ

भीड़ के आगे हँसता हूँ
तन्हाई में रोता हूँ

रेगिस्तानी मरुथल में
बीज फूल के बोता हूँ

अश्कों की बारिश में ही
ख़ुद को रोज़ भिगोता हूँ

उल्फ़त में मालूम नहीं
कब जगता कब सोता हूँ

'मधुर' दर्द की स्याही में
हरदम क़लम डुबोता हूँ

क़र्ज़ जैसी ज़िंदगी

क़र्ज़ जैसी ज़िंदगी तेरे बिना
उम्र भर की बेख़ुदी तेरे बिना

तन्हाई का एहसास होता भीड़ में
दिल में अजब बेबसी तेरे बिना

हर रिश्ते में टीस चुभन और फ़रेब
हर चेहरा है अजनबी तेरे बिना

लैला शीरीं और सोनी कुछ नहीं
आज कहाँ आशिक़ी तेरे बिना

देखने में हम भी ज़िंदा हैं मगर
हर क़दम पर ख़ुदकुशी तेरे बिना

ग़म का चक्रव्यूह है चारों तरफ़
दुर्लभ हुई है रौशनी तेरे बिना

जानलेवा हवा ने घेरा 'मधुर'
अमृता है शायरी तेरे बिना

आज कैसा माहौल है

आज कैसा माहौल है भाई
दोस्ती बिल्कुल गोल है भाई

सबसे सस्ता है आजकल इन्साँ
बाक़ी हर शय अनमोल है भाई

हक़ीक़त कैसे जान पाओगे
ये शराफ़त का खोल है भाई

हम जिसे मान बैठे दमयंती
वो उर्वशी का रोल है भाई

इक किलो में ग्राम नौ सौ हैं
जाने कैसी ये तोल है भाई

जहाँ भी बजता भीड़ हो जाती
ये नेता कैसा ढोल है भाई

'मधुर' दुनिया तरस रही जिसको
ढाई अक्षर का बोल है भाई

सबकी नज़रों में

सबकी नज़रों में उलझन है
जाने कैसा ये जीवन है

बातों में तो सब अपने हैं
लेकिन मन में एक अनबन है

घर-बाहर तो ख़ूब सफ़ाई
लेकिन मैला-मैला मन है

जब तू चाहेगा ले लेगा
कैसे कहूँ ये मेरा तन है

जो गुलाब सा नाज़ुक-नाज़ुक
उसका दिल भी पाहन है

दूर से तुम कैसे जानोगे
इन आँखों में क्यों सावन है

'मधुर' तुम्हारे बिन बरसों से
सूना-सूना ये आँगन है

जो भी करना

जो भी करना खुलके करना
चाहे जीना चाहे मरना

माना सारे गुनहगार हैं
लेकिन तू गुनाह से डरना

जिसने नज़र फेर ली तुझसे
उसकी क्या फिर चाहत करना

जाने कब क्या दिखला देगी
क़िस्मत है ये इससे डरना

माँ-बाप की सज़ा यही है
जीवन भर औलाद को भरना

जो रिश्ता केवल मुँह देखा
उस रिश्ते का दम क्या भरना

'मधुर' चोट खाकर ये सीखा
सब कुछ करना प्यार न करना

अन्धों को शीशा

अंधों को शीशा दिखलाना पड़ता है
बहरों को भी गीत सुनाना पड़ता है

यूँ तो हर रिश्ता है तार-तार लेकिन
हर रिश्ते का बोझ उठाना पड़ता है

क़दम-क़दम पर शूल चुभाती है दुनिया
घायल होके भी मुस्काना पड़ता है

अपना ही विश्वास तोड़ता दुनिया में
घातक को भी गले लगाना पड़ता है

मनमंदिर जिसकी ठोकर से ध्वस्त हुआ
उसको भी मनमीत बताना पड़ता है

दुनिया की ये अजब ग़ज़ब दुनियादारी
दुश्मन से भी हाथ मिलाना पड़ता है

'मधुर' सितारे गर्दिश में हो जाएँ तो
पत्थर को भी शीश झुकाना पड़ता है

जीवन में बस चलते जाना

जीवन में बस चलते जाना अच्छा लगता है
बाधाओं से ना घबराना अच्छा लगता है

खट्टे-मीठे, फीके-कड़वे जो भी अनुभव हैं
उन सबका कविता बन जाना अच्छा लगता है

प्यार का मौसम कब आया कब चला गया
अब भी उसका ख़्वाब में आना अच्छा लगता है

जो देखा जो सोचा सब कुछ भुला दिया
लेकिन अब भी क़लम चलाना अच्छा लगता है

इतने काँटे चुभे हुए जिनको गिनना मुश्किल
घायल दिल फिर भी मुस्काना अच्छा लगता है

प्यार, मुहब्बत, रिश्ते-नाते कहाँ है दुनिया में
अब दुश्मन से हाथ मिलाना अच्छा लगता है

'मधुर' प्यार में सिर्फ़ महाभारत ही देखा है
लेकिन अब रामायण गाना अच्छा लगता है

पगलाया जैसा जग

पगलाया जैसा जग सारा
हर इन्सान दर्द का मारा

वो मुझको पहचान न पाया
जिसे था मैं कल जान से प्यारा

नेताजी दिल्ली जा बैठे
भटक रहा वोटर बेचारा

समय बहुत ताक़तवर होता
समय के आगे हर कोई हारा

जब मंदिर में बजी घंटियाँ
दिल ने तेरा नाम पुकारा

जो भी आया वही गया है
क्या अजीब जीवन की धारा

'मधुर' ये अक्सर क्यों होता है
वही बिछुड़ता जो हो प्यारा

आज अपना भ्रम

आज अपना भ्रम मिटाना चाहता हूँ
दोस्तों को आज़माना चाहता हूँ

जिन मुश्किलों ने मेरी मँज़िल दूर कर दी
उन्हें मैं जड़ से मिटाना चाहता हूँ

जो कालनेमि ज़िंदगी जीते रहे हैं
उन्हें मैं शीशा दिखाना चाहता हूँ

उरबसी जो उर्वशी सी उड़ गई
स्वप्नवत् उसको भुलाना चाहता हूँ

जो क़रीबी होके भी है अजनबी
उसे मैं नज़दीक लाना चाहता हूँ

जो अंग्रेज़ी मोह में अंधे हुए हैं
उन्हें में हिंदी सिखाना चाहता हूँ

'मधुर' जो प्रत्यक्ष कविता सी लगे
उसे मैं कविता सुनाना चाहता हूँ

अमृत-अमृत गाने वाला

अमृत-अमृत गाने वाला
निकला ज़हर पिलाने वाला

कमल-पुष्प जैसा मनमोहक
लेकिन शूल चुभाने वाला

काहे को इतराता फिरता
ये शरीर है जाने वाला

मीत कहाँ है प्रीत कहाँ है
हर कोई बहकाने वाला

अठ्ठारह घंटे श्रम करता
सच की राह पे जाने वाला

एक दिन क़लम उठा ही लेता
दिल पर ठोकर खाने वाला

'मधुर' उजाला कैसे आए
हर इक चाँद अंधेरे वाला

सीमित नियमित खाये जा

सीमित नियमित खाए जा
योगी बन मुस्काए जा

ये दुनिया है शोक भवन
योग भवन में आए जा

हर घर अस्पताल जैसा
सबको योग सिखाये जा

रिश्ते नाते सब नीरस
खुद को सरस बनाये जा

जो मिलता रोगी मिलता
सबका रोग मिटाए जा

ईश्वर ने जो दिया है तन
उसको दिव्य बनाए जा

'मधुर' प्यार का च्यवनप्राश
सबको मुफ़्त खिलाये जा

जाने कैसा ये मंज़र

जाने कैसा ये मंजर
बाहर हँसी ग़म अंदर

इस दुनिया का क्या कहना
मुँह में राम, बग़ल ख़ंजर

जो बोया है वो काटो
देखते क्या हो इधर-उधर

लंका सभी जला देगा
यह नेता विशेष बंदर

स्वदेशी अभियान चला
चीन, अमेरिका सब में डर

जिसने योग को अपनाया
उसके रोग सभी बाहर

'मधुर' प्यार से दूर रहो
प्यार में धोखा है अक्सर

नवगीत हरदम ही

नवगीत हरदम ही गाते चलो
विषमता में भी मुस्कुराते चलो

घिरे हो भले ही निराशाओं में
आशा का दीपक जलाते चलो

बड़ा ही कुटिल है ये संसार-पथ
सन्मार्ग तुम अपनाते चलो

अब कहाँ गार्गी अनुसूया कहाँ
जो भी मिले सर झुकाते चलो

युवा तन भी तो अस्थि पंजर बने
इन्हें योग-विद्या सिखाते चलो

गांधी बन के कुछ देश को लूटते
उन्हे देशप्रेमी बनाते चलो

'मधुर' आज शिक्षित भी नादान है
ढाई अक्षर सभी को पढ़ाते चलो

नीम को आम बताती दुनिया

नीम को आम बताती दुनिया
उल्टा सबक़ सिखाती दुनिया

बंदर जैसा बना आदमी
इसको नाच नचाती दुनिया

जो आया वो गया एक दिन
फिर भी अमर बताती दुनिया

मन का मिलना बहुत ही मुश्किल
केवल हाथ मिलाती दुनिया

फ़ैशन जैसे रिश्ते सारे
कभी न साथ निभाती दुनिया

ये अमीर और वो फ़क़ीर है
यही हिसाब लगाती दुनिया

'मधुर' प्यार की बात करे जो
उसको आँख दिखाती दुनिया

किसी से भी ना कटु

किसी से भी ना कटु व्यवहार कर
हर किसी से तू हमेशा प्यार कर

रोगी का कोई भी साथी है नहीं
योग से हर रोग का उपचार कर

आलसी बीमार और भूखा मरे
कर परिश्रम स्वप्न सब साकार कर

उन्नति की शत्रु गहरी नींद है
जाग जल्दी स्वयं का उद्धार कर

हर विदेशी वस्तु ज़हरीली यहाँ
बन स्वदेशी, स्वदेशी व्यापार कर

ज़िंदगी ये कुछ दिनों की चीज़ है
व्यसन से इसको न तू बेकार कर

'मधुर' सच्चाई कहीं मिलती नहीं अब
किसी का भी ना तू ऐतबार कर

किस तरह का आज ये

किस तरह का आज ये संसार है
सादगी से ज़िंदगी दुश्वार है

जिस पर भी विश्वास ज़रा हो गया
उसी के दिल में मिले तलवार है

रिश्तों की कोई भी मर्यादा नहीं
हर एक रिश्ता आज तार-तार है

सीता, सावित्री अब पाओगे कहाँ
सौंदर्य आज बन गया व्यापार है

दोस्त दुश्मन एक जैसे लग रहे
गिरगिट जैसा मनुष्य का व्यवहार है

हज़ार ख़ान पर शिवाजी एक है
इसलिए क़ानून भी लाचार है

'मधुर' प्यार किताबों में बंद है
दिलों में तकरार ही तकरार है

जिसको भी अभिमान

जिसको भी अभिमान हुआ है
उसका कब सम्मान हुआ है

जो भी रहा विनम्र यहाँ पर
उसका नित गुणगान हुआ है

जो धन बेईमा`नी से जोड़ा
वही मरण सामान हुआ है

जिसको दिल की धड़कन माना
वो इक दिन अनजान हुआ है

जिसका कोई गुरु नहीं है
वो नर कब विद्वान हुआ है

जिसको देकर हाथ न जोड़े
व्यर्थ वो सारा दान हुआ है

'मधुर' ग़ज़ल नीरज की सुनकर
लगता अमृतपान हुआ है

ग़ैर को अपना बनाना

गैर को अपना बनाना चाहता हूँ
इक नई दुनिया बसाना चाहता हूँ

दुश्मनी के आक्रमण तो बहुत झेले
अब दोस्ती को आज़माना चाहता हूँ

तू भले ही लाख दूरी बना ले पर
मैं तेरे नज़दीक आना चाहता हूँ

वो अंधेरे दे रहा देता रहे पर
मैं सूर्य का प्रकाश लाना चाहता हूँ

दो दूनी चार ही होते हमेशा
बस इसी को मैं बताना चाहता हूँ

जहाँ भी अन्याय होगा वहीं पर
लेखनी को मैं चलाना चाहता हूँ

'मधुर' ये मुस्कान भी वरदान है
हर किसी को ये सिखाना चाहता हूँ

लिखे हुए को गाना सीख

लिखे हुए को गाना सीख
ग़म में भी मुस्काना सीख

करके प्यार जो भूल गया
तू भी उसे भुलाना सीख

तम देकर वो चला गया
तू सूरज बन जाना सीख

मुर्दे ही ऐंठा करते हैं
ख़ुद को नम्र बनाना सीख

कोई किसी को नहीं बढ़ाता
ख़ुद ही क़दम उठाना सीख

कोई सेवक नहीं मिलेगा
अपने हाथ चलाना सीख

'मधुर' प्यार में छल ही छल
इससे नज़र हटाना सीख

चारों ओर खिला

चारों ओर खिला मधुबन है
फिर भी मुरझाया जीवन है

ये दुनिया तो तन की दर्शक
किसे दिखाऊँ कैसा मन है

जिसको हमने राघव माना
वो सच में निकला रावन है

कैसे देश बढ़ेगा आगे
जब केवल कुर्सी चिंतन है

वह क़ातिल भी सम्मानित है
जिसके पास बहुत सा धन है

ऐ कवि तुम्हारी कौन सुनेगा
अब तो टी.वी. मनोरंजन है

'मधुर' प्यार तुम क्या समझोगे
ये प्रेमी मन का बंधन है

कहीं हो रहा सवेरा

कहीं हो रहा सवेरा
कहीं हो रहा अंधेरा

इस अजनबी शहर में
कोई न तेरा-मेरा

ख़ुशी को जब भी सोचा
तो दर्द ने आ घेरा

यादों की बस्तियों में
वीरानियों का डेरा

बारात जिसने लूटी
उसी के सर पे सेरा

एक सुखी कैसे जाने
किसी का ग़म घनेरा

'मधुर' प्यार बिन बता दे
अब क्या करूँ मैं तेरा

सिर्फ़ ख़्वाबो-ख़याल की

सिर्फ़ ख़्वाबो-ख़याल की दुनिया
एक रंजो-मलाल की दुनिया

हल कहीं ढूँढते नहीं मिलता
रोज़ ताज़े सवाल की दुनिया

हुस्न तो है मगर वफ़ा ग़ायब
फिर भी लगती कमाल की दुनिया

कौन अपना ये जानना मुश्किल
अजब रिश्तों के जाल की दुनिया

हर तरफ़ आँसुओं की बौछारें
काश होती गुलाल की दुनिया

जाने मासूमियत कहाँ खोई
रह गई टेढ़ी चाल की दुनिया

'मधुर' बिन प्यार काग़जी सब कुछ
मुझे लगती बवाल की दुनिया

जो भी चाहा

जो भी चाहा वही खो गया
प्यार कितना कठिन हो गया

दुनिया वीरान सी लग रही
दिल को जाने ये क्या हो गया

क्या लिखें, क्या पढ़ें, क्या सुनें
सोचना ही ख़तम हो गया

आज दुर्लभ है कामायनी
आँसू जैसा ये मन हो गया

ज़िंदगी बोझ सी बन गई
एक हँसना गजब हो गया

देख इन्सान को सब चकित
इन्साँ कितना ग़लत हो गया

अब 'मधुर' प्यार चुभने लगा
दर्द इतना निकट हो गया

आज हर इक महान्

आज हर इक महान है प्यारे
झूठ-सच अब समान है प्यारे

जिसमें सारा जहान बैठा है
वो बारूदी मकान है प्यारे

मौत इक सुख की नींद जैसी है
ज़िंदगी इक तूफ़ान है प्यारे

एक घटना से दुनिया काँप उठी
इन्साँ कितना शैतान है प्यारे

आरती मंदिरों में जो होती
वो मस्जिद में अज़ान है प्यारे

दर्द दिल में तो आदमी है तू
वरना पत्थर समान है प्यारे

'मधुर' प्यार से जीवन गुलशन
वरना जीवन वीरान है प्यारे

कुछ जीने का आधार

कुछ जीने का आधार न होता
दुनिया में गर प्यार न होता

उसका साथ अगर मिलता तो
दिल पर कोई भार न होता

अगर लक्ष्य पर दृष्टि होती
इक पल भी बेकार न होता

ख़ुशबू अगर ज़िंदगी होती
दुनिया में कोई ख़ार न होता

कौन यहाँ दर्द अपनाता
गर ये जीवन-सार न होता

समझदार अगर हम होते
वो कुर्सी हक़दार न होता

कैसे 'मधुर' ग़ज़ल लिख पाता
गर तेरा दीदार न होता

एक अचम्भे की बात

एक अचंभे की बात है भाई
सूर्य के घर में रात है भाई

एक सोया और एक जाग उठा
दुनिया इतनी सी बात है भाई

हमने हर हाल में जिसे चाहा
दर्द उसकी सौग़ात है भाई

मौत पूनम की तरह लगती है
मावस जैसी हयात है भाई

जिसका खाया उसी को काट लिया
मनुज की कैसी ज़ात है भाई

यूँ तो हालात ने किया गूँगा
फिर भी अपनी औक़ात है भाई

'मधुर' तन्हाई में ये लगता है
जैसे कोई साया साथ है भाई

राग द्वेष को खोता जा

राग द्वेष को खोता जा
गौतम बुद्ध सा होता जा

प्यारे रात-रात भर जग
दिन निकले तो सोता जा

झूठ कपट को ठोकर मार
सत्य की खेती बोता जा

यह कालनेमि जैसी दुनिया
हनुमान तू होता जा

पाप का मैल चढ़ा जिस पर
उस मन को तू धोता जा

बड़ी बेवफ़ा है दुनिया
तू बावफ़ा ही होता जा

'मधुर' प्यार गर चाहे तू
बस ख़ुद में ही खोता जा

सबसे हँसके मिलता जा

सबसे हँसके मिलता जा
बिना रुके तू चलता जा

अंधकूप है यह दुनिया
सूरज बनकर जलता जा

कोई भी उम्मीद न कर
एकाकी बस बढ़ता जा

किसका ग़म किससे शिकवा
भूल के सब कुछ चलता जा

बहरों की इस बस्ती में
अपने होंठ तू सिलता जा

प्यार का अंकुर बन के तू
सब के दिलों में पलता जा

'मधुर' स्वार्थ की आँधी में
बरगद जैसा हिलता जा

दीवाली दिल से मनायें

दीवाली दिल से मनायें तो कोई बात बने
ख़ुशी के दीप जलायें तो कोई बात बने

झूठ के तम ने दिल को घेर लिया
सत्य का सूर्य उगायें तो कोई बात बने

चारों तरफ़ कड़वाहटों का आलम है
रिश्ते को मीठा बनायें तो कोई बात बने

स्वार्थ बस जो दूर हो गए अपने उन्हें
क़रीब ले आयें तो कोई बात बने

आज तो दाल भी महलों में क़ैद है भाई
दाल ग़रीब भी खायें तो कोई बात बने

छोटी सी बात पर जो दोस्त ख़फ़ा हो बैठे
वो ज़रा आज मुस्कायें तो कोई बात बने

'मधुर' हाथ मिलाकर तो कुछ नहीं मिलता
दिल से दिल को मिलायें तो कोई बात बने

किसी को खूब प्यार मिला

किसी को ख़ूब प्यार मिला मुक़द्दर की बात है
किसी को ग़म ही ग़म मिला मुक़द्दर की बात है

कहीं बरगद का पेड़ गिर पड़ा ऐसी हवा चली
कहीं पत्ता तक भी ना हिला मुक़द्दर की बात है

एक पीता रहा, जीता रहा और पूरी उमर जिया
एक दस क़दम भी ना चला मुक़द्दर की बात है

किसी को दोस्त मिल गया सुग्रीव की तरह
कहीं राम में रावण मिला मुक़द्दर की बात है

वो प्यार में मजनूँ बना और हो गया अमर
यहाँ प्यार में सब कुछ जला मुक़द्दर की बात है

वो तोड़ के रिश्ता ख़ुशी में झूमता-फिरता
यहाँ रिश्ते में धोखा ही मिला मुक़द्दर की बात है

उन्होंने देश नोचा, खसौटा और बेच भी दिया
पर जनता का दिल ना हिला मुक़द्दर की बात है

'मधुर' प्यार में कुछ लोग अपनी मँज़िल पा गए
पर हमें मँज़िल ने ही छला मुक़द्दर की बात है

ग़म ना कर तू

ग़म ना कर तू हँसता जा
प्यार की दुनिया रचता जा

जो आँखें निश्चल प्यारी
उन आँखों में बसता जा

प्यार वफ़ा जो ना जाने
उनको थोड़ा कसता जा

दुनिया एक तमाशा है
इसे देख कर हँसता जा

राष्ट्रधर्म सबसे ऊपर
यही बात तू लिखता जा

अपना बस ऊपर वाला
यही ध्यान तू रखता जा

'मधुर' प्यार में घायल हो
रोना मत बस हँसता जा

वो हमें रोज़ यूँ ही

वो हमें रोज़ यूँ ही भुलाते रहे
पर हमें रोज़ वो याद आते रहे

जिसका हर लफ़्ज़ उनकी कहानी सा है
हम वही गीत लिखते और गाते रहे

क्या कहें टीस कितनी, कितना है ग़म
जब भी सोचा उन्हें दर्द पाते रहे

वो ना लैला हैं और ना कोई हीर हैं
फिर भी दीवानगी हम निभाते रहे

नज़र से दूर वो दिल के नज़दीक हैं
इसलिए रात दिन वो सताते रहे

वो हैं दूर हमसे और हम दूर उनसे
पर ख़यालों में वो रोज़ आते रहे

'मधुर' प्यार क्या और चाहत है क्या
वो हमें दूर से ही सिखाते रहे

अब कोरोना का डर नहीं

अब कोरोना का डर नहीं
योग पे इसका असर नहीं

छोड़ो ग़ैर ज़रूरी जाना
घर में सुख बाहर नहीं

हाथ मिलाना हानिकारक
करो नमस्ते फ़िकर नहीं

स्वच्छ रहो और दूर रहो
सावधान बेख़बर नहीं

शासन प्रशासन क्यों सचेत
कुछ को ये भी ख़बर नहीं

वे मरेंगे अचानक ही
जिनकी इस पर नज़र नहीं

'मधुर' हर कोई नश्वर है
कोरोना भी अमर नहीं